打圈圖
打圈
回青畫

LAO-TSE
Weisheiten

Herausgegeben
von
Jörg Weigand

Wilhelm Heyne Verlag
München

Printed in Germany 1982
Umschlaggestaltung: Christian Diener
Gesamtherstellung: Friedrich Pustet, Regensburg

Zur Einführung

Das »Buch vom Weg und von der Tugend«, wie man das Tao-Têh-King, als dessen Verfasser ein Mann namens Lao-Tse (das könnte man übersetzen mit »Alter Meister«) gilt, zählt im Gesamtumfang nicht mehr als 5300 Worte; bei der Abfassung wurden insgesamt nicht mehr als rund 800 verschiedene Schriftzeichen benutzt – ein eindringlicher Hinweis auf die Schlichtheit der Sprache in dieser ohne jeden Zweifel grundlegenden Schrift der Philosophiegeschichte.

Der vorgegebene Verfasser, Lao-Tse, ist historisch nicht einwandfrei greifbar, auch wenn neuere Forschungen darauf hinweisen, daß der Verfasser des Tao-Têh-King etwa um das Jahr 300 v. Chr. oder aber später gelebt haben mag.

Auch die chinesischen historiographischen Schriften geben uns keine weiterführende Hilfe auf unserer Suche nach dem Autor des schmalen Büchleins. Wohl wird im taoistischen Traktat des Tschuang-Tse ein Tao-Tan erwähnt, der als Gegenspieler des gelehrten Konfuzius auftritt; stimmten diese Angaben, dann wäre dieser Auftritt etwa Mitte des sechsten, Anfang des fünften Jahrhunderts v. Chr. erfolgt. Doch da chinesische Chronisten und Philosophen schon immer die Neigung besaßen, Personen, an deren Lehre oder Wirken ihnen lag, älter zu machen, indem sie sie anderen historischen Persönlichkeiten zuordneten, kann man auf diese Erwähnung im Tschuang-Tse-Text wenig geben.

Und auch die Schilderung, die der Historiker Sze-Ma Kien in seinen Geschichtsannalen, dem Schi-ki, vom letzten Auftauchen des greisen Philosophen in dieser Welt gibt, gehört wohl mehr ins Reich der Fabel:
Da macht sich ein königlicher Archivar, der Welt und ihrer Ereignisse überdrüssig, nach Westen auf, um die Welt (das aber hieß für die alten Chinesen immer: das Reich der Mitte, China also) zu verlassen. Am fernen Paß trifft der Alte auf den Kommandanten der Grenzstation, der ihn inständig bittet, seine Gedanken in schriftlicher Form zurückzulassen, wenn er denn schon diese Welt hinter sich lassen wolle. Diesem wißbegierigen Kommandanten also, so will es diese auch bei uns sehr bekannte Fabel, haben wie die Niederschrift des Tao-Têh-King zu verdanken.
Wenn also auch die Person des Verfassers des Tao-Têh-King im Dunkel der Geschichte verborgen bleibt, so ist sein Werk seit langem weltweit verbreitet und genießt große Wertschätzung. Was wohl immer wieder viele Menschen in Bann schlägt, ist das mystische Dunkel, das Vieldeutige vieler Sentenzen im Tao-Têh-King, was auf der anderen Seite dazu geführt hat, daß es fast unzählige Übersetzungen des Büchleins in die verschiedensten Kultursprachen gibt (allein im Deutschen gibt es bereits eine fast unübersehbare Anzahl), die sich in manchen Versionen grundlegend unterscheiden. Dies hängt sicherlich zum einen mit dem tiefgründigen Gedankengut Lao-Tses, um bei diesem Verfassernamen zu bleiben, zusammen; zum anderen aber auch mit der Struktur der klassischen chinesischen Schriftsprache, die verschiedene Übersetzungsvariationen ermöglicht, von denen jede als richtig belegt werden kann.

開井口
蜀省井鹽

Die beiden Grundbegriffe in Lao-Tses Werk, nämlich »Tao« und »Têh«, wie sie bereits im Titel des Traktates ausgewiesen werden, bieten dafür Beispiel genug. »Tao« bedeutet, wörtlich übersetzt, zunächst einmal »der Weg«, aber auch – verbal verstanden – »führen«, »lenken«, »regieren«; zeitweilig kann es auch die Bedeutung »sprechen« oder »nennen« haben. »Tao« kann aber auch, auf der anderen Seite, für das Zusammenspiel der beiden kosmischen Kräfte stehen, des (weiblichen) Yin und des (männlichen) Yang; es bedeutet dann etwa »kosmische Ordnung«. Um Mißverständnisse von vornherein auszuschließen, haben wir »Tao« als Begriff stehen lassen.
»Têh«, der zweite Begriff, wird hier wiedergegeben mit »Tugend«. Es ist darunter die Wirkkraft zu verstehen, die den einzelnen Wesen ihre wesensbedingte Besonderheit verleiht. Dabei ist »Têh« direkter Ausfluß des Wirkens von »Tao«. Ursprünglich, so kann man annehmen, verbarg sich hinter »Têh« ein mehr naturreligiöser, animistischer Begriff; von daher ist offenkundig, daß nicht nur dem Menschen »Têh« innewohnt, sondern ganz natürlich auch der Tier- und Pflanzenwelt, aber ebensogut dem Erz oder den Wettererscheinungen.
Lao-Tses Schrift ist zuerst einmal eine politische Schrift mit direkten Anweisungen an den Herrscher, wie er seine Geschäfte zu führen hat; darüber hinaus aber stellt es sich bei näherer Betrachtung sehr wohl auch als praktisches Handbuch für den Alltag, die täglichen Verhaltensweisen des einzelnen, heraus. Es ist dies ein Aspekt, der neben allem Rätselraten über die Bedeutung manch mystisch-hintergründiger Textstelle öfter vergessen wird.

瓷器過釉

In dieser Auswahl aus dem Tao-Têh-King wird versucht darzustellen, daß auch der moderne Mensch mit dem Altchinesen Lao-Tse und seinem Werk durchaus noch etwas anfangen kann. Manches mußte dabei weggelassen werden, was ohne weitgehende Einsicht in die Zusammenhänge chinesischen Denkens nicht verständlich würde. Natürlich handelt es sich hier um eine sehr persönliche Zusammenstellung des Herausgebers, der freilich hofft, das Wesentliche herausgeholt und damit etwas zur Aufhellung dieses Traktates beigetragen zu haben.
Der doch auch praktische Charakter des Büchleins über Tao und Têh ließ es berechtigt erscheinen, ihm Illustrationen beizugeben, die chinesische Menschen bei der täglichen Arbeit zeigen. Denn auch für sie wurde dieser Text ursprünglich geschrieben.

Die eigene Lehre

Leicht
ist zu verstehen, was ich sage,
und leicht auch,
danach zu handeln;
dennoch
gibt es niemanden in der Welt,
der imstande wäre,
sich danach zu richten.

Nur wenige
gibt es, die mich verstehen;
darum schätzt man mich hoch.

Das Tao

Das Tao,
das so genannt werden kann,
ist nicht das ewige Tao.
Der Name,
der genannt werden kann,
ist nicht der ewige Name.
Das Namenlose
ist der Anfang von Himmel und Erde,
als Benanntes ist es
die Mutter der zehntausend Wesen.

Das Große Tao wogt hin und her,
es kann links und rechts sein.
Alle Wesen bauen darauf im Leben,
und es weist sie nicht zurück.
Wenn es sein Werk vollendet hat,
so beansprucht es nicht den Ruhm davon.
Es liebt und nährt alle Geschöpfe
und spielt nicht den Herren.
Stets ist es wunschlos
und kann klar genannt werden.
Alle Geschöpfe wenden sich ihm zu,
aber es kehrt nicht den Herrn heraus
und kann als groß bezeichnet werden.

桔槔

Das ist des Himmels Tao:
Dem wird genommen,
der Überfluß hat;
dem wird gegeben,
der nicht genug hat.
Das dagegen ist der Menschen Tao:
Sie nehmen denen,
die nicht genug besitzen;
sie geben denen,
die bereits Überfluß haben.

Das Tao in der Welt
ist wie das Große Meer,
in das alle Ströme streben.

Tao
ist dauernd ohne Handeln,
aber es gibt nichts,
was es nicht vollbringen könnte.

Sein Werk tun
und sich dann zurückziehen:
Das ist das Tao des Himmels.

Das Große Tao –
es ist
ein ebener Weg.
Das Volk aber
bevorzugt Seitenpfade.

Verliert man das Tao,
dann folgt darauf die Tugend;
verliert man die Tugend,
dann folgt darauf die Menschlichkeit;
verliert man die Menschlichkeit,
dann folgt darauf die Gerechtigkeit;
verliert man die Gerechtigkeit,
dann folgt darauf die Sittsamkeit.
Die Sittsamkeit aber
ruht auf verderbter Aufrichtigkeit und Treue
und bildet
den Anfang allen Streits.

Das Tao des Himmels
kennt keine Bevorzugten;
es ist immer mit dem Guten.

六槳課船圖

Wer
dem Tao zuwiderhandelt,
der
wird früh enden.

Wer
höchste Kraft erlangt hat,
der beginnt zu altern.
Das heißt:
Er ist ohne Tao.
Denn wer Tao nicht hat,
der ist bald am Ende.

Wer mit Tao ans Werk geht,
wird eins mit dem Tao;
wer mit Tugend ans Werk geht,
wird eins mit der Tugend;
und wer beide verliert,
wird eins mit der Verlorenheit.

Es steht für sich
und ist unwandelbar;
es kreist im Rund
und ist unerschöpflich.
Man könnte es nennen:
Mutter der Welt.
Doch seinen wahren Namen kenne ich nicht,
daher nenne ich es Tao.

Die Kraft der Tugend –
sie wächst immer aus dem Tao.
Das Wirken des Tao aber
ist in sich unfaßbar und wunderbar.
Die Bilder in ihm –
nicht zu begreifen, nicht zu fassen sind sie.
Die Wesen in ihm –
nicht zu begreifen, nicht zu fassen sind sie.

Verborgen
ist das Tao
und ohne Namen
und doch
spendet es allen Vollendung.

Hört
ein Gebildeter vom Tao,
dann folgt er ihm sorgsam nach;
hört
ein Halbgebildeter vom Tao,
dann folgt es ihm wohl,
verliert es aber auch;
hört
ein Ungebildeter vom Tao,
dann lacht er darüber.
Würde er nicht darüber lachen,
was wäre das wohl für ein Tao!

Wer
das Tao versteht,
scheint nichts zu verstehen;
wer
im Tao vorwärtsschreitet,
scheint rückwärts zu gehen.

Das Tao –
es ist Hort der zehntausend Dinge;
für den guten Menschen ein Schatz,
für den schlechten Menschen eine Zuflucht.

Richtschnur für den Menschen ist die Erde;
Richtschnur für die Erde ist der Himmel;
Richtschnur für den Himmel ist das Tao;
Richtschnur für das Tao ist es selbst.

Wer
dem rechten Weg nicht folgt,
wird rasch vergehen.

Festhalten
am Tao des Altertums
und damit das Heute lenken,
wissen um den Urbeginn –
das nennt man:
Richtschnur des Tao.

炙箔

Nicht-Tun

Dein Tun
sei Nicht-Tun;
dein Geschäft
sei Nicht-Geschäftigkeit.

Sei nachgiebig und schwach;
so bezwingst du Unnachgiebigkeit und Stärke.

Wer
seinen Mund verschließt,
Auge und Ohr versperrt,
den plagt keine Mühsal bis zum Ende.
Wer
seinen Mund auftut
und Geschäften nachgeht,
dem kann nicht geholfen werden bis zum Ende.

Wer
Nicht-Tun praktiziert
für den gibt es nichts,
was er nicht regieren könnte.

蠶浴

Wer
das Lernen pflegt,
nimmt täglich zu;
wer
das Tao pflegt,
nimmt täglich ab. –
Wer
abnimmt und immer weiter abnimmt,
der gelangt zum Nicht-Tun:
Nichts tut er
und doch wird alles getan.

Nur was rein und still ist,
vermag Richtschnur für die Welt zu sein.

捉精

Die Ordnung der Dinge

Wer
das Ewige nicht kennt,
der bringt – sinnlos – Unheil mit sich;
wer
das Ewige kennt,
der ist weitherzig.
Weitherzig – das ist: gerecht;
gerecht – das ist: königlich;
königlich – das ist: dem Himmel gleich;
dem Himmel gleich – das ist: einssein mit dem Tao;
einssein mit dem Tao – das ist: unvergänglich.

Als das Große Tao verloren ging,
da entstanden Menschlichkeit und Gerechtigkeit;
als Klugheit und Scharfsinn aufkamen,
da entstand Heuchelei;
als der Sippenzusammenhalt schwand,
da entstanden Kindespflicht und Vaterliebe;
als der Staat in Verfall und Wirrungen geriet,
da entstand der treue Untertan.

Wer
sich der Bestimmung zuwendet,
der ist beständig;
wer
das Ewige kennt,
der ist erleuchtet.

Die große Fülle
scheint leer zu sein,
und doch kann man sie nicht ausschöpfen.

Der Raum
zwischen Himmel und Erde,
gleicht er nicht einem Blasebalg?
Hohl ist er,
doch er fällt nicht zusammen;
er wird bewegt,
und bringt doch viel hervor.

In der Welt
ist nichts weicher und schwacher
als das Wasser;
und doch
greift es das Harte und Starke an,
und nichts könnte es bezwingen,
denn nichts vermag es zu ändern.

Ein jeder weiß,
daß das Schwache das Starke
und das Weiche das Harte besiegt;
und doch
bringt es keiner fertig,
danach zu handeln.

Sein und Nichtsein bedingen einander,
Schwierig und Leicht vollenden einander;
Lang und Kurz messen einander;
Hoch und Niedrig erzwingen einander;
Stimme und Ton fügen sich aneinander;
Vorher und Nachher schmiegen sich aneinander.

Wer
sich das Tao bewahrt,
der wird nicht Fülle begehren;
denn
nur wer Fülle nicht begehrt,
kann bewahren, ohne Neues zu schaffen.

Das Werk vollenden
und sich dann zurückziehen –
das ist des Himmels Tao.

輾

Das höchste Gute
ist wie das Wasser:
Das Wasser ist gut,
es nützt allen Wesen,
aber es streitet sich mit niemandem.

Das Vollkommene
scheint reichlich unvollkommen;
und ist doch zu allem zu gebrauchen.

Die größte Offenbarung
ist die Stille.

Reinheit und Stille –
das ist die Ordnung der Welt.

Erreichen
das Äußerste der Leere;
bewahren
die allergrößte Stille –
dann
wird es allen Wesen wohlergehen.

粱粟稷黍皆用此碾

Bewegung
hilft gegen Kälte;
Stillhalten
hilft gegen Hitze;
Bewegung und Stillhalten aber
erhalten der Welt
das rechte Maß.

Nur wer
sich nicht streitet,
ist ohne Fehl.

Auch wenn
ein großer Haß besänftigt wird,
es bleibt ein Rest davon zurück.
Ist das denn gut?

Alles in der Welt
kommt aus dem Sein;
doch das Sein
kommt aus dem Nicht-Sein.

碓

Die Geschöpfe –
wer sie mindern will,
der mehrt sie;
wer sie mehren will,
der mindert sie.

Heimkehr zur Wurzel,
das ist Stille.
Man nennt das:
Zurück zum Wesentlichen.

Wer
einen Baum sieht,
hat alle Bäume gesehen.

Wer
stolz ist
auf Ehre und Reichtum,
der schafft sein eigenes Verderben.

Viele Worte
erschöpfen sich schnell.
Besser ist es,
Maß zu halten.

Niemand
kann mit Gold und Juwelen gefüllte Hallen
sicher bewahren.

Pflege das Einfache
und wahre das Schlichte;
mindere den Eigennutz
und verdräng die Begierde.

Das Netz
des Himmels reicht weit,
und seine Maschen sind groß;
dennoch
entgeht ihm nichts.

穴取銅鉛

Das ist des Himmels Art:
für niemanden
hat er eine besondere Vorliebe,
aber immer
ist er auf der Seite der Guten.

Himmel und Erde
sind nicht fähig,
Dauer zu schaffen;
wie also
könnte dies dem Menschen gegeben sein?

耨

Der Herrscher

Wer
über dem Volk sein will,
der muß sich erniedrigen;
wer
dem Volk voran sein will,
der muß sich hintanstellen.

Schwer
ist das Volk zu regieren,
wenn es zu klug ist.

Nicht vorzeigen,
was begehrenswert ist –
so wird des Volkes Herz
nicht aufbegehren.

Ist die Regierung lahm,
dann ist das Volk einfältig;
ist die Regierung zielstrebig,
dann ist das Volk kraftlos.

升煉倭鉛

鑿取蠣房

Nicht
darfst du den Fisch
aus der Wassertiefe aufsteigen lassen;
nicht
darf man dem Volke
die machtvollen Waffen des Staates zeigen.

Wenn
das Volk den Tod nicht genug achtet,
dann liegt das daran,
daß die Oberen das Luxusleben suchen.

Mit Klugheit
das Reich zu beherrschen,
das ist des Reiches Unglück;
nicht mit Klugheit
das Reich beherrschen,
das ist des Reiches Glück.

Der wahre Herrscher
legt keinen besonderen Wert auf Worte,
allein seine Werke
sind ihm von Wert.

Der Weise sagt:
Wer
die Übel des Landes auf sich lädt,
der wird Priester des Landes genannt;
wer
das Unheil des Reiches auf sich lädt,
der wird Herr des Reiches werden.

Klein
soll der Staat sein
und gering an Zahl das Volk;
und mag es
noch so viele Geräte geben,
er soll sie nicht benutzen.

Ein großes Land regieren
gleicht dem Kochen kleiner Fische.

Wer sich selbst besiegt,
der ist stark.

打枷圖

Bevorzuge
nicht die Fähigen;
so erreichst du,
daß das Volk sich nicht ereifert.

Dies
ist äußerste Erleuchtung:
Nachgiebigkeit und Schwachheit
siegen über Unnachgiebigkeit und Stärke.

Wer
schwer zu erlangende Güter
nicht zu hoch bewertet,
der bewirkt, daß das Volk
nicht räuberische Gelüste nährt.

Der weise Herrscher
hat kein unveränderliches Herz;
aus des Volkes Herzen
macht er sein eigenes Herz.

Wenn
einer daran dächte,
die Macht im Reich an sich zu reißen,
so wäre dies vergeblich.
Denn
das Reich ist ein geistiges Gefäß,
an das man nicht rühren darf.
Wer daran rührt,
zerstört es;
wer danach greift,
dem geht es verloren.

Je mehr
Verbote es gibt,
desto ärmer ist das Volk;
je mehr
Waffen das Volk hat,
desto größer ist die Verwirrung im Staat.
Je mehr
Kunstfertigkeit im Volk ist,
desto seltsamere Dinge gibt es;
je mehr
Gesetze es gibt,
desto mehr Räuber und Diebe treiben ihr Unwesen.
Daher sagt der Weise:
Ich übe Nicht-Tun,
dann wandelt sich das Volk von selbst.

簸揚

Strebst du
nach höchster Ehre,
dann bleibt Ehre dir versagt.

Wem
das Reich ebensoviel wert ist,
wie das eigene Ich,
dem kann man
das Reich anvertrauen.

Mit Tao
das Reich regieren –
dann ist's vorbei mit Geisterspuk;
nicht daß sie über keine Kraft mehr verfügten,
doch ihre Kräfte
beeinflussen die Menschen nicht mehr.

Wenn
das Volk Hunger leidet,
dann kommt das daher,
daß die Oberen zu viele Steuern verbrauchen.
Dann leidet es Hunger
und ist schwer zu regieren.
Weil die Oberen so geschäftig sind,
darum ist es so schwer zu lenken.

Wer
ganz oben ist, von dem wissen die Niederen,
daß es ihn gibt;
den darunter,
den loben sie;
den darunter,
den fürchten sie;
den darunter,
den verachten sie.

Der rechte Herrscher –
so ist seine Regierung:
Er leert die Herzen,
er füllt des Volkes Bäuche,
er schwächt ihre Wünsche,
er stärkt ihre Knochen.
Für immer
läßt er das Volk
ohne Wissen und ohne Begehren
und erreicht so,
daß auch die Klugen nicht wagen zu handeln.

擊麻

Wenn
der Palast prunkvoll ist,
der Acker dagegen wüst
und leer der Speicher;
wenn
die Kleider prächtig sind
und ein scharfes Schwert gegürtet wird;
wenn
es Völlerei gibt an Speis und Trank
und im Übermaß Schätze aufgehäuft sind:
Das nennt man
fürwahr eine Räuberregierung.
Dies hat nichts zu tun mit Tao.

Der Heilige Herrscher sagt:
Ich übe Nicht-Tun
und das Volk gedeiht wie von selbst;
ich verhalte mich still
und das Volk findet von selbst die rechte Ordnung;
ich gehe keinen Geschäften nach
und das Volk wird von selbst reich;
ich begehre nichts
und das Volk wird von selbst einfach.

分箔

Drei kostbare Schätze, die ich bewahre:
Der erste ist Mitgefühl,
der zweite ist Mäßigung,
der dritte ist Zurückhaltung.
Wer Mitgefühl besitzt,
der kann selbst mutig sein;
wer Mäßigung besitzt,
der kann selbst großzügig sein;
wer Zurückhaltung besitzt,
der kann selbst allen Wesen voranstehen.

擇繭

Über die Tugend

Ewig
ist der Himmel
und ewig ist die Erde;
was aber macht ihnen möglich,
ewig zu dauern?
Es ist,
weil sie nicht selber leben,
darum können sie ewig leben.

Daher
setzt der Heilige sein Selbst zurück
und kommt so voran;
er verzichtet
auf sein Selbst
und bewahrt es auf diese Weise.

Wer
sich selbst überwindet,
wird stark.

風車

赶棉圖
烘火

Die höchste Tugend
weiß nicht von Tugend,
daher ist sie Tugend;
die niedere Tugend
kann auf Tugend nicht verzichten,
daher mangelt es ihr an Tugend.

Wer
mit keinem streitet,
der macht niemandem
den Sieg streitig.

Wer
das Männliche weiß
und das Weibliche bewahrt,
der wird das Strombett der Welt.
Wer
das Strombett der Welt ist,
den verläßt die Tugend nicht
und er wird wieder zum Kind.

川滇載運

Erzeugen,
doch nicht um es zu besitzen;
tun,
doch nicht um etwas dafür zu verlangen;
behüten,
doch nicht um es zu beherrschen –
das ist die größte Tugend.

Wer
Tugend besitzt,
der hält Verträge ein;
wem Tugend fehlt,
der fordert nur.

Wahre Tugend
gibt sich nie als Tugend.

Nur
wenig reden,
das ist der Wille der Natur.

Wer
der Tugend Kraft
in sich trägt,
der ist dem Neugeborenen gleich:
Vom giftigen Gewürm
wird er nicht gestochen,
von Raubtieren
nicht angefallen,
und von Greifvögeln
nicht angegriffen.

Die uralte Tugend,
sie ist tiefgründig und weit
und im Widerspruch
zu allen Dingen.
Doch nur
wer ihr folgt,
dem naht die Große Harmonie.

Es gibt
keinen größeren Fehler,
als seinen Begierden
freien Lauf zu lassen.

桕皮
油及
諸芸
薹胡
麻皆
同
甑
此釜平底不深

Der Mensch

Dein
Wunsch sei nicht,
zu funkeln wie ein Edelstein,
sondern gemein zu sein,
wie der einfache Fels.

Mit gedrechselten Worten
kann man manches erhandeln,
doch nur durch's rechte Verhalten,
kann man die anderen überflügeln.

Die
schlechten Menschen –
weswegen
sollte man sie verwerfen?

Weg
mit der Heiligkeit
und fort mit der Klugheit!
Die Menschen
werden daraus hundertfach Nutzen ziehen.
Weg
mit der Menschlichkeit
und fort mit der Gerechtigkeit!
Die Menschen
werden zu Kindespflicht
und Elternliebe zurückfinden.
Weg
mit der Geschicklichkeit
und fort mit dem Gewinnstreben!
Dann
wird es weder Räuber noch Diebe geben.
Denn diese drei Dinge
sind schön, doch genügen sie nicht.

Gewaltsam
ist der Tod,
den der Gewalttätige stirbt.

海鹵煎煉
牢盆

Der Mensch
ist weich und schwach,
wenn er geboren wird;
im Tode aber
wird er hart und steif.
Tiere und Pflanzen
sind zart und nachgiebig,
wenn sie entstehen;
sie werden dürr und starr,
wenn sie vergehen.
Also:
Starr und Hart –
sie sind Begleiter des Todes.
Weich und Schwach –
sie sind Begleiter des Lebens.

Vergeltet Haß
mit Liebe!

Wer
keinen Streit beginnt,
der wird auch nicht getadelt.

Wer
sich selbst rühmt,
der kann nicht gewinnen.

舂臼

Der weise Mensch
denkt nie
an eigene Größe;
drum wird er groß.

Verzichte
auf das Erlernte,
und du wirst ohne Sorgen sein.

Ein guter Rechner
braucht keinen Rechenstab.

Ein guter Händler
versteckt seine Waren
und tut so,
als habe er nichts anzubieten.

Die Menschen
muß man lehren:
Kehrt zum Einfachen und Wahren zurück,
vermindert Eigensucht und Begehren!

泥造磚坯

Wer weiß,
der redet nicht;
wer redet,
der weiß nicht.

Es gibt
kein größeres Unglück,
als nie genug zu bekommen.

Wer
sein Leben nicht hochschätzt,
taugt mehr als der,
dem viel an seinem Leben liegt.

Ewig
besiegt das Weibliche
das Männliche –
durch Stille.

Der gute Redner
hegt keine Hintergedanken.

Kein
größeres Unheil gibt es,
als nach Profit zu streben.

量較收藏

Über die Wahrheit

Wahre Worte
sind nicht angenehm;
angenehme Worte
sind nicht wahr.

Gut und Schlecht –
wie wenig
sind sie einander fern!

Seit
jeder weiß, daß das Schöne schön ist,
seitdem gibt es das Häßliche;
seit
jeder weiß,
daß das Gute gut ist,
seitdem gibt es das Schlechte.

Dreißig Speichen
vereinen sich auf der Nabe.
Da, wo nichts ist,
befindet sich des Rades Brauchbarkeit.

煤餅燒石成灰
燒蠣房法

磚瓦濟水轉釉窰

Aus Ton
werden die Krüge geknetet;
da, wo nichts ist,
befindet sich der Gefäße Brauchbarkeit.

Tür und Fenster
werden aus der Hauswand geschlagen;
da, wo nichts ist,
befindet sich des Hauses Brauchbarkeit.

Das wahre Wort –
es klingt
gar oft
verkehrt.

Der Wissende
ist nicht gelehrt;
der Gelehrte
ist nicht wissend.

Wer gut ist,
der ist nicht beredt;
wer beredt ist,
der ist nicht gut.

Der Weise

Der Weise
tut ohne Taten
und lehrt ohne Worte.

Wer weiß,
daß er nichts weiß,
der ist der Höchste.

Nicht das Haus verlassen
und doch die Welt kennen;
nicht aus dem Fenster schauen
und doch das Tao des Himmels sehen.
Wer
weit weg geht,
der weiß sehr wenig!

Nichts ist schlimmer
als nicht genug zu wissen.

瓷器汝水

Wer
das Helle weiß
und das Dunkle bewahrt,
der ist Vorbild für die Welt.
Wer
Vorbild ist für die Welt,
der verfehlt die Tugend nicht
und kehrt zurück
in den Urzustand.

Seiner selbst
nicht achten –
und darum erleuchtet werden.

Wer
die Ehre weiß
und die Unehre bewahrt,
der wird das Tal der Welt.
Wer
das Tal der Welt ist,
der hat der Tugend genug
und kehrt heim
zur Einfalt.

過利圖
手刀一撥
造成圓器杯盤
陶車櫃盛土內

南方獨推車圖

Wer
die Menschen kennt,
der ist ein Weiser;
wer
sich selbst erkennt,
der ist ein Erleuchteter.

Wer
seiner selbst sich rühmt,
der wird nicht hoch gelobt.

Wer
das Kleine erkennt,
der ist erleuchtet;
wer
das Schwache bewahrt,
der ist stark.

Wer
nicht auf sein Recht pocht,
dem wird Recht gegeben.

Dich selbst
sollst du nicht loben,
dann
wirst du erhöht werden.

Wer
die anderen bezwingt,
der ist stark;
wer
sich selbst bezwingt,
der ist mächtig.

Der Weise
hält sich an das Eine;
so wird er Vorbild
für die ganze Welt.

Wer
auf sich selbst sieht,
der wird nicht erleuchtet;
wer
sein eigen Tun für richtig hält,
der wird nicht beachtet.

Seine Verdienste
nicht herausstellen –
das heißt:
Verdienstvolles schaffen.

Himmel und Erde –
sie kennen keine Freundlichkeit;
wie Strohhunde sind für sie die Geschöpfe.
Der Weise –
auch er kennt keine Freundlichkeit;
wie Strohhunde sind für ihn die Menschen.

Der Weise –
er schafft die Dinge,
doch nicht um sie zu besitzen.
Denn
er tut und verlangt nichts für sich.
Er hütet sie,
doch nicht um sie zu beherrschen.
Das ist die ureigenste Tugend.

Die Ruhe
ist der Meister
des Handelns.

Der Weise
häuft keine Schätze an.
Er sorgt für die anderen,
um so mehr besitzt er;
er gibt den anderen,
um so mehr hat er.

Der Große Mensch
hält sich ans Ganze
und verharrt nicht
beim Unvollkommenen.
Er hält sich an die Frucht
und verharrt nicht
bei der Knospe.

Wer
nicht genug Vertrauen hat,
dem
wird nicht vertraut.

Wer
auf Zehen geht,
hat keinen festen Stand;
wer
breitbeinig schreitet,
kommt nicht voran.

鎈錢

Über den Krieg

Wer
mit Tao dem Menschenherrscher dient,
der unterdrückt nicht
mit Waffengewalt die Welt;
denn
es könnte auf ihn zurückschlagen.

Herrscht
Tao in der Welt,
dann werden die Pferde
zum Ackern geschickt.
Herrscht Tao nicht in der Welt,
dann grasen
die Kriegsrösser auf den Feldern.

Wer
tüchtig ist,
der siegt, das ist genug,
und er wagt nicht,
Gewalt anzuwenden, um zu erobern.
Er siegt, ohne zu prahlen;
er siegt, ohne sich zu rühmen;
er siegt, ohne stolz zu sein;
er siegt, wenn er nicht anders kann;
er siegt, doch ohne gewalttätig zu sein.

Wer
fähig ist,
ein Heer zu führen,
der sucht nicht den Krieg.
Wer
fähig ist,
einen Kampf durchzustehen,
der läßt sich nicht vom Zorn packen.
Wer
fähig ist,
den Feind zu besiegen,
den dürstet nicht nach Streit.

蕩料入簾

Waffen
sind Geräte des Unheils
und keine Geräte für den Edlen.
Nur
wenn es nicht zu vermeiden ist,
nimmt er sie in Gebrauch.

Auch
schöne Waffen
sind keine glückbringenden Geräte;
alle Wesen
verabscheuen sie von Herzen.
Und wer Tao besitzt,
verläßt sich darauf nicht.

Es gibt
nichts Schlimmeres,
als den Feind zu unterschätzen;
leicht kann ich so
um meine Schätze gebracht werden.

Wer siegt,
soll sich dessen nicht rühmen.
Sich dessen zu rühmen,
hieße sich freuen,
Menschen zu töten.
Wer sich freut,
Menschen zu töten,
der zwingt niemals
der Welt seinen Willen auf.

Wo
die Heerschar lagert,
da wachsen
danach Disteln und Dornengestrüpp;
und
im Gefolge großer Armeen
gibt es Jahre der Not.

Wenn
zwei gleichstarke Gegner
gegeneinander die Waffen schlagen,
siegt der,
den Mitleid bewegt.

煮楻足火

Wer
mit Mitgefühl kämpft,
der wird siegen.
Wer
mit Migefühl verteidigt,
der wird sich behaupten.
Der Himmel wird ihn beschützen
und ihn
mit Mitgefühl bewahren.

Vertraut das Heer auf seine Stärke,
dann kann es nicht siegen.

Sind
viele Menschen getötet worden,
so soll man sie
in verzweifelter Trauer beweinen.
Wer aber
den Kampf gewonnen hat,
der soll sich fühlen
wie bei einer Leichenfeier.

Die Abbildungen stammen aus dem chinesischen Traktat über Ackerbau, Verarbeitung von Bodenschätzen und Herstellung von Gegenständen des täglichen Bedarfs »Tien-gung kai-wu« des Sung Ying-sing, zuerst veröffentlicht 1637.

Die Abbildungen zeigen folgende Arbeitsvorgänge (Seitenangabe):
Getreideanbau: 13, 39.
Kleiderherstellung: 22, 24, 26, 53, 55, 58.
Getreideverarbeitung: 30, 32, 34, 45, 48, 51, 57, 69.
Salzgewinnung: 7, 60, 61, 67, 73.
Keramikherstellung: 2, 9, 71, 76, 79, 81.
Gießerei: 87.
Herstellung von Booten und Karren: 16, 17, 82.
Arbeit mit Kohle: 42, 75.
Ölherstellung: 64.
Papierherstellung: 90, 93.
Metallverarbeitung: 37, 41.

Inhalt